CRISTIANA DRAGOMIR

PASI SPRE O VIAȚĂ
SEDUCĂTOARE

Imagine copertă: " Dans cosmic" de Cristiana Dragomir

Corectură: Mariana Gușiță

**ISBN-13:
978-6061321063 (Editura PIM`)**

**ISBN-10:
6061321066**

CUPRINS

OPTIMIZAREA DIETEI

Optimizarea dietei – hrana pentru toate corpurile....................10

Armonie in alimentatie - acid versus alcalin...........................12

Hrana ca mod de modificare a energiei proprii......................14

Yin si Yang in alimentatie...16

Util pentru raw-vegani...19

Ce este alimentatia pranica..21

STAPÂNIREA MINȚII

Crearea unei vieti mai bune...24

Libertate versus joaca de-a Dumnezeu...................................26

ONORAREA CORPULUI

Daruieste iubire corpului tau..29

Efectele vindecătoare ale dansului...31

Dansul meditativ-calea spre femeia din tine............................33

FERICIRE IN CUPLU

Ghidul relației de success..........35
Care e "oferta" ta..........37
Bucurie in cuplu..........39
Increderea in cuplu si vindecarea geloziei..........40
Cum să renaști după divorț..........45
După jocurile de rol rămâne iubirea..........49
Sexualitatea – între libertate și cenzură..........50

ÎN INIMĂ

Vrei mai mult? Treci dincolo!..........53
Teama de a pierde..........55
În inimă..........57

MEDITAȚIA

Meditația – puntea dintre minte și inimă..........61
Fericire..........62

8 PASI...

8 pasi către o viață seducătoare..........65

VINDECARE

Soul Healing – terapie holistică..........68

Prezentare autoare..........70

MULȚUMIRI

Mulțumesc tuturor Maeștrilor mei și tuturor celor care m-au inspirat și m-au ajutat, fie ei pacienți, oameni dragi, alte ființe pe care le-am întâlnit în diverse timpuri și moduri!

Cu drag,

Cristiana

Optimizarea dietei

Optimizarea dietei – hrană pentru toate corpurile

Când diminuăm cantitatea de hrană fizică, ale noastre corpuri au două variante: să postească, deci să rămână într-o stare lipsită de hrană, sau să fie hrănite alternativ, fiecare corp cu nutrienții de care are nevoie.

Corpul fizic, de exemplu, necesită vitamine, minerale, proteine și alți nutrienți, pe care îi poate obține fie din alimente sănătoase, pline de energia vieții (cum ar fi fructele și legumele armonios preparate sau crude), fie direct de la sursa energiei din fructe și legume (energia solară/cosmică). Optimizarea dietei este posibilă prin ajustarea stilului de viață astfel încât să ne acordăm pe o frecvență mai înaltă, o vibrație de calm și pace care să ne mențina cât mai mult în starea alfa (de relaxare) a minții și care să permită hrănirea în acest mod. Ajută foarte mult exercițiile fizice, mișcarea de orice fel (dans, yoga stretching, tai chi, plimbări, alergare), deoarece permit energiei să circule liber prin corp și să hrănească celulele, care altminteri s-ar simți obosite și ar cere carbohidrați și zaharuri pentru un booster de energie. Deci, mișcându-ne cât mai des, avem mari șanse să mancâm mai puțin și să ne simțim mai energizați - în același timp. Cei care au copii mici sunt chiar avantajați din acest punct de vedere: pot ieși să alerge cu ei prin parc sau să danseze acasă; pentru cei mici ar fi o mare bucurie, iar pentru cei mari - un imens beneficiu! De asemenea, cei care au câini de companie: în loc să vă lăsați "tărâți" dupa lesa câinelui care este dornic de joacă, puteți alerga împreună cu el, activitate care va ajunge să vă bucure pe amândoi.

Corpul emoțional, pe de altă parte, nu necesită hrană fizică (deși uneori se simte încântat de anumite "bonusuri culinare" pe care ni le oferim). El se hrănește armonios când noi ne îngrijim, într-o stare iubitoare față de noi înșine: când facem o baie relaxantă, când primim masaj, când stăm în natură sau ascultăm o muzică armonioasă, mângâietoare. Atunci, el este hrănit și mulțumit.

Corpul mental este încântat de informațiile noi și calitative. A studia un nou domeniu, tehnici noi, poate detalii despre corpul uman, despre cosmos sau despre aspectele care sunt în zona de interes al fiecaruia, a învăța, a citi sau a urmări un documentar de calitate sunt elementele ce hrănesc acest corp. Deseori, foamea cor]pului mental (nevoia de noi informații, de dezvoltare personală, de a renunța la tiparele mentale învechite și la junk-ul informațional) este confundată cu foamea fizică, iar atunci oamenii tind să mănânce mai mult sau mai nesănătos, dintr-un sentiment de nemulțumire de sine la acest nivel.

De aceea, atunci când intrăm într-un proces de armonizare a dietei și ne orientăm spre hrană mai ușoară, îl putem susține asigurându-ne că toate corpurile noastre sunt hrănite corespunzător. Să alegem alimente proaspete, pline de viață, este o savoare pentru corpul fizic și ajută mult la menținerea în formă a întregului nostru sistem. Pentru a învinge mai ușor "tentațiile" culinare și pentru a avea o stare de mulțumire și satisfacție în acest proces, care poate să devină un mod de viață, să ne bucurăm de hrana necesară pentru fiecare corp în parte!

Armonie in alimentație - acid versus alcalin

Ne confruntăm zilnic cu dilema "ce să mănânc ca să arăt/să mă simt mai bine?".

Alegerile noastre alimentare sunt cartea noastră de vizită în ceea ce privește sănătatea și armonia corpului și psihicului nostru. Întrucât hrana, care este percepută ca materie, are la bază o informație energetică (materia fiind, în esență, ENERGIE), ne putem gândi că tot ceea ce alegem să mâncăm ne dă anumite informații energetice care, ajunse în celulele și în sistemul nostru, se vor transforma in STĂRI. Și, cum toată lumea se află în cautarea STĂRII DE BINE, este firesc să ne punem problema despre cum se poate obține și menține această stare prin alegerile noastre alimentare.

Vom face o scurtă prezentare a informațiilor energetice conținute de anumite grupe de alimente și stările ce se obțin prin alegerea lor:

1. Fructe acre (mere), legume și radacinoase (morcov, țelină), cereale yang (orez sălbatic, hrișcă) - energie vitală puternică; stare: dinamism, optimism

2. Fructe dulci (banane, piersici, smochine), legume yin (salată verde, fasole, fenicul), lactate, cereale yin (ovăz) - energia liniștii și a armoniei, feminitate; stare: relaxare, acceptare

3. Alimente prăjite, gătite cu sosuri uleioase – energie a agitației interioare și a inerției; stare: somnolență/insomnie, lene, greutate

4. Alimente bazate pe carne și produse din carne – energie a inerției și a fricii; stare: teamă nejustificată (de eșec, de pierdere a sănătății, de a nu fi suficient de bun etc.), nesiguranță, agresivitate

5. Alimente dulci, pe bază de zahăr; făinoase - energie toxică, stimulare excesivă a centrului erotic; stare: lentoare a minții, somnolență (după trecerea efectului de boost glicemic), sexualitate exacerbată, intuiție scăzută

6. Stimulenți – cafea, băuturi pe bază de taurină, alcool – energie a agitației, a dezordinii interioare; stare: hiperactivitate (imediat dupa consum), lentoare și sentiment de "blocaj al minții" la trecerea efectului de boost energetic, sexualitate dezordonată (fie nestăpânită, fie cu probleme, neînțelegeri și blocaje).

Din **învățăturile** unui maestru taoist:

"Mâncarea hotărăște aproape în întregime starea în care ne aflăm. În general, alimentele care lasă resturi acide în corp sunt grele, prea prelucrate, prea sintetizate și dulci: carnea de tot felul, pâinea, patiseria, alcoolul, cafeaua, fructele zaharisite... Alimentele alcaline sunt verzi, proaspete și vii: zarzavaturile și sucurile lor, legumele, fructele, cum ar fi avocado, roșiile, grapefruiturile și lămâile...

E foarte simplu. Suntem ființe spirituale care trăiesc într-o lume spirituală. Cei din Occident au fost educați că mâncarea gătită și sintetizată este cea mai bună. Știm cu toții acum că ea creează un mediu de descompunere si degenerare lentă, care se vede în timp. Toate bolile degenerative - arterioscleroză, atacurile cerebrale, SIDA și mai ales cancerele - există pentru că ne poluăm corpurile și cu asta și strigăm la microbii care există că suntem gata sa ne dezintegrăm și să murim. Ne întrebăm mereu de ce unii oameni expuși la anumiți microbi nu contactează și boala...

Diferența este mediul din interiorul corpului. Vestea bună este că și dacă avem un mediu acid în corp situația poate fi schimbată dacă ne îmbunătățim alimentația și consumăm hrană alcalină, cu un nivel energetic înalt. [...] Omul trebuie în primul rând să înțeleagă natura hranei pe care o consumă. Apoi [...] ne vom putea deschide către sursele interioare de energie, care ne ridică și mai mult vibrația.

Atunci când energia din trup scade din cauza hranei pe care o consumăm, suntem predispuși la boală. Când mănânci, hrana este metabolizată și lasă în trup un fel de cenușă. Această cenușă poate avea natură acidă sau alcalină - depinde de hrană. Dacă este alcalină, va fi ușor extrasă din corp, cu puțină energie. Dacă este acidă, este foarte greu ca sistemul circulator si sistemul limfatic să o elimine și rămâne în organe sau țesuturi ca materie solidă - forme cristalizate de joasă vibrație, care creează blocaje și disfuncții la nivelul celulelor. Cu cât mai multe produse secundare acide se adună, cu atât mai acide vor deveni țesuturile și [...] un microb sau un virus tocmai trece pe acolo și își spune: 'Iată un corp pe care trebuie să îl descompun'. Când organismele mor, mediul din corp devine foarte acid și microbii îl devorează rapid."
James Redfield - Secretul Shamballei

Hrana ca mod de modificare a energiei proprii

De ce înainte puteai mânca anumite alimente și acum "nu-ți mai priesc"? Corpul trece acum la o structură energetică nouă, mai înaltă ca vibrație, care necesită un alt tip de hrană, și reacționează în consecință dacă nu o primește. Trebuie văzut că, în trecut, nivelul de conștiință al planetei era altul și de aceea încă mai erau permise anumite tipare alimentare sau de gândire. În prezent, tot ce nu este benefic organismului sau întregului și tot ce creează discordanțe în câmpurile energetice din jur își face simțit efectul aproape instantaneu, chiar dacă mulți încă nu fac legătura între ce aleg și ceea ce experimentează.

Revenind la alimente, există o serie de produse care modifică vibrația energetică (emisia energetică a corpului), coborându-i frecvența; această listă va fi în curând publicată. Poate ca și acesta e un sistem de credințe limitative, dar, până când conexiunea minte-corp va fi perfectă și până când vom reuși să ne programăm corpurile astfel încât orice aliment să fie transformat în energie benefică și hrănitoare, este bine să ținem cont că hrana este informație energetică și că, pe un anumit nivel, devenim ceea ce mâncăm.

Trebuie stiut că, dacă în 3D corpurile mai erau obișnuite și încă mai puteau susține o alimentație densă, o dată cu accesarea și menținerea unei energii mai înalte de către o parte din planetă, aceste alimente nu mai sunt benefice pentru corpul tău. Este adevărat că, **până la un anumit punct**, prin diverse practici și simboluri, energia hranei se poate transforma (vezi binecuvântările sau rugăciunile spuse în Ortodoxie...) Dar vrei într-adevăr sa îți consumi energia ducând mereu o vibrație mai densă a alimentelor consumate într-una mai înaltă sau ai prefera să-ți folosești acea energie în transformarea lucrurilor care deja nu-ți mai sunt de folos - emoții, sentimente etc. - și în vindecarea altora? Este doar o chestiune de priorități...

În plus, mai trebuie luată în calcul Legea cauzei și efectului: dacă acțiunea de a mânca animale susține, la un anumit nivel, exploatarea și uciderea lor, poate fi transmutată asta prin binecuvântarea sau energizarea hranei? Trebuie sa fim conștienți că orice acțiune pe care o generăm susține o anumită frecvență și o anumită rezonanță. Un adevărat salt de conștiința pentru fiecare și pentru Omenire ca întreg se va face când exploatarea sau uciderea altor ființe nu va mai fi susținută prin nicio actiune (consum de carne, utilizarea obiectelor ce provin din pielea și blana altor ființe, decorarea caselor cu corpurile sau blănurile lor!!!)...

Yin şi Yang in alimentaţie

"În medicina tradiţională chineză se consideră că în Univers există două principii fundamentale, antagoniste şi complementare. Unul este Yin-ul, care are polaritate *minus* si este asociat cu Luna, feminitatea, pasivitatea, intuiţia, interiorul, profunzimea, frigul, întunericul, apa. Celalalt este Yang-ul, de polaritate *plus,* care este solar, masculin, dinamic, luminos, expansiv, asociat cu focul, căldura, exteriorul şi suprafaţa.

Dualitatea Yin-Yang caracterizează orice aspect, fenomen sau fiinţă. În general. Într-o situaţie dată sau într-o anumită fiinţă, la un moment dat predomină una sau alta dintre cele doua energii.

O persoană îşi poate amplifica anumite calităţi de tip Yin sau Yang consumând alimente care au preponderenţa corespunzătoare. Însă, în general, modul de alimentaţie actual duce la o amplificare excesivă a energiilor Yin, având ca urmare cresterea incidenţei unor boli de natura Yin, cum sunt tumorile, diabetul, reumatismul.

Vă prezentăm în continuare lista polarităţii unor alimente uzuale (există trei grade de polaritate: moderat, accentuat si extrem):

	Yin (-)	Yang (+)
Cereale	**Moderat yin:** porumb **Extrem de yin:** cereale încolţite, pâine albă, produse de patiserie din faina albă	**Moderat yang:** grâu, orez, orz, ovăz, secară **Accentuat yang:** hrişcă, mei **Extrem de yang:** germeni de cereale, orez salbatic
Legume	**Moderat yin:** salată verde, ardei kapia, ardei gras, păstârnac, frunze de ţelină,	**Moderat yang:** varză albă, ceapă, ridichi, dovlecei, fasole verde, frunze şi rădăcini de păpădie, napi, gulii, rădăcină de ţelină,

	untișor, linte, bob, mazăre verde **Accentuat yin:** fasole, ciuperci, sfeclă roșie, gogoșar, usturoi **Extrem de yin:** roșii, vinete, cartofi, castraveți, bame	spanac, anghinare, varză de Bruxelles **Accentuat yang:** andive, conopidă, broccoli, dovleac, soia, năut, creson, alge marine, ceapă roșie, rădăcină de pătrunjel, morcovi, praz, urzici, varză creață **Extrem de yang:** varză roșie
Fructe	**Moderat yin:** căpșune, caise, cătină albă, roșcove, dude, coarne, struguri, măsline verzi **Accentuat yin:** cireșe, grepfruit, lămâi, pepene galben, prune, vișine, curmale, smochine, miez de nucă de cocos **Extrem yin:** ananas, papaya, mango, portocale, mandarine, pere, piersici, pepene verde, arahide	**Moderat yang:** stafide, fragi, mure, gutui, coacăze negre, rodii, măsline negre, castane **Accentuat yang:** mere, afine, zmeură, merișor, coacăze roșii, fructe de dracilă, nuci, alune **Extrem yang:** mere pădurețe, migdale, fistic
Lactate	**Moderat yin:** lapte dulce, lapte bătut, sana, zer, iaurt, chefir, cașcaval Camembert **Accentuat yin:** brânză de vaci, lapte de bivoliță, caș dulce, urdă dulce, cașcaval tare **Extrem yin:** smântână, unt, brânză topită, cașcaval moale	**Moderat yang:** lapte de capră, brânză de Olanda, Roquefort, șvaiter Gruyere **Accentuat yang:** brânză de capră, unt clarificat (ghee)
Carne, pește	**Moderat yin:** **Accentuat yin:** **Extrem yin:**	**Moderat yang:** creveți, heringi, somon, sardine **Accentuat yang:** icre, caviar **Extrem yang:** fazan

Condi-mente	**Moderat yin:** fenicul, maghiran **Accentuat yin:** oțet din lemn, roiniță, vanilie **Extrem yin:** semințe de mac	**Moderat yang:** nucșoară, mărar, anason, cimbrișor, ceapă, arpagic, tarhon, mentă, frunze de pătrunjel, muștar alb, leuștean, leurdă **Accentuat yang:** ardei iute, busuioc, cimbru, chimen, coriandru, cicoare, șofran, salvie, dafin, hrean, muștar negru, piper, usturoi, scortișoară, cardamom, schinduf **Extrem yang:** rozmarin, cuișoare, sovarf, ghimbir, ghintura, sare marină nerafinată
Bauturi	**Moderat yin:** apă, sifon, ceai de măceșe, ceai de cătină **Accentuat yin:** **Extrem yin:** cafea, ciocolată, coca-cola, sucuri de fructe yin, sucuri cu zahăr, alcool	**Moderat yang:** cafea de năut, cafea de cicoare, ceai japonez (Bancha), ceai de mușețel, pelin, cimbru, cimbrișor, rozmarin **Accentuat yang:** ceai de busuioc, suc de mere **Extrem yang:** ginseng
Alte produse	**Moderat yin:** drojdie, miere **Accentuat yin:** zahăr brun, oțet de mere, borș, ulei de nucă de cocos **Extrem yin:** ciocolată, cacao, zahăr, frișcă, jeleuri, murături, înghețată, sirop, pastă de tomate, marmeladă, bomboane, unt de arahide	**Moderat yang:** halva de susan, halva de floarea-soarelui, ulei de măsline, ulei de porumb, ulei de migdale **Accentuat yang:** ouă fecundate, ulei de rapiță, ulei de muștar, ulei de ricin, ulei de soia presat la rece, pastă de susan (tahini), semințe de dovleac, semințe de floarea-soarelui **Extrem yang:** polen apicol, semințe de susan, ulei de susan, ulei de floarea-soarelui presat la rece

Observație: Lista de mai sus corespunde datelor din alimentația macrobiotică, regim conceput de japonezul George Ohsawa."
Sursa:
http://www.apifitoterapie.ro/terapii_naturale/dietoterapie/alimente_Yin_Yang.htm

Util pentru raw vegani

Când începi să adopți o dietă mai ușoară, transformări importante au loc în corpul tău, iar structura energetică se modifică în acord cu energia hranei pe care o consumi. De aceea, dacă ai făcut pasul important de a renunța la carne (felicitări!), care are într-adevar un efect nociv asupra organismului tău, acum pașii spre ușurarea dietei sunt mai lin de parcurs. Este important să fii permanent în contact cu cerințele corpului tău pe măsură ce faci restul schimbărilor.

Pasul următor ar fi renunțarea la lactate, ouă și brânzeturi (peștele e tot carne! - chiar dacă nu are față, are profil). Acest pas se poate face cu ușurință atunci când corpul simte necesitatea de a consuma o hrană cu o mai mare puritate energetică. Dacă ai starea de "stomac greu" sau neplăcere când consumi ouă sau lactate, poți pur și simplu să le scoți din dieta ta, dar asigură-te că te interesezi cu atenție în legătură cu alimentele care îți asigură necesarul de calciu, fier și proteine. Listele pe net sunt infinite în domeniu; personal, în acest sens eu recomand cu drag nucile, semințele și algele, precum și migdalele și pătrunjelul. Caută mai multe informații sau poate vom posta și noi ceva în viitor. Exercițiile fizice ajută și ele la menținerea unui nivel bun de energie, căci prin mișcare se captează mai multă energie din aer, soare si pamant, iar în corp lucrurile încep să circule armonios.

Pasul spre raw vegan este însă unul care necesită atenție. Dieta cu legume și fructe crude + sucuri aduce beneficii enorme corpului, e adevărat - și asta o spun din proprie experiență - căci energia alimentelor consumate este păstrată în întregime, fâra a se pierde prin fierbere sau coacere. Corpul devine mai ușor și energiile - mai rafinate. Informația energetică poate curge mai liber prin organism, iar persoanele cu acest stil alimentar devin mai intuitive, mai senzitive și chiar mai creative, căci organismul nu mai este atât de implicat în procesul de digerare și sortare a hranei.

Totuși, conform medicinei ayurvedice, și nu numai, există anumite tipologii care trebuie să abordeze cu atenție acest stil alimentar si e necesar să fii în contact cu semnalele propriului corp (ca noi toți, de altfel). Dacă te simți "aerian/ă", deconcentrat/ă, foarte sensibil/ă la energiile din jur sau chiar ai dureri în zona de sub coasta stângă (zona splină/pancreas), atunci sunt câțiva **pasi** care trebuie urmați pentru a te pune în armonie cu acest tip de dietă:

1. Fă mai multe exerciții fizice - alergatul, genuflexiunile sau alte sporturi care ajută la împământare și la stocarea energiei în corp trebuie introduse în programul zilnic.

2. Împământează-te - mergi în natură, stai așezat/ă pe pământ măcar 30 de minute sau mergi cu picioarele goale pe pământ (nu pe asfalt).

3. Consumă legume care provin din pământ (rădăcinoase, majoritatea legumelor albe).

4. Dacă ai dureri în stânga înseamnă că splina ta nu este fericită cu acest regim și are nevoie să îi dai din când în când o supă caldă, lapte cald de migdale cu turmeric sau alte preparate care ajută în acest sens; este benefic să ai în alimentația ta uleiul de susan (și îl poți folosi și pentru corp). Dacă vrei mai mult, poți încerca chituri de împământare, care se găsesc acum în diverse forme.

Trebuie știut că, pe masură ce ne recalibrăm energetic și ne modificăm modul de gândire și tiparele emoționale, alimentația se rafinează și ea, mai ales dacă introducem în activitățile zilnice exerciții de energizare (poți încerca in acest sens exercițiile de la secțiunea **Meditații ghidate** a acestui - in bara de sus a blogului *Soul Healing* (**eurynome999.blogspot.ro**): **Tehnica de relaxare totala, Tehnica de recalibrare cu 11 benzi energetice** sau oricare alta te atrage). Asigură-te că te ocupi de restructurarea tiparelor emoționale și mentale și de curățarea "bagajelor" inutile pe aceste niveluri, pentru a te bucura de un nivel energetic optim în cadrul regimului raw vegan. Asta e si mai important dacă vrei sa adopți o dietă cu sucuri. Te pot ajuta **Tehnica de curațare și recalibrare a corpului emoțional** și **Tehnica de armonizare a relațiilor**.

Felicitări pentru schimbările în alimentația ta!
Tratează-ți corpul cu iubire și înțelepciune - este casa sufletului tău.

Ce este alimentația pranică?

Se poate ca, auzind despre alimentația pranică (sau hrănirea cu lumină), să ne imaginăm că aceasta înseamnă a te opri brusc din consumul de hrană fizică si a deveni breatharian (acesta este termenul folosit pentru cei care utilizează energia primită prin respirație - *breath* - pentru a se hrăni). Așa credeam și eu și (recunosc!) am mers la training-urile de alimentație și vindecare pranică cu un ego cât carul, crezând că de acolo trebuie sa ies... light! Răspunsul l-am primit după o perioadă de "antrenament", dintr-un studiu facut de Maestra Jasmuheen, care mi-a mai "relaxat" convingerile cu privire la subiect (detalii puteți găsi în cartea *Retragere în camera obscură - O experiență mistică plină de lumină*).

Există această posibilitate, a trecerii bruște de la hrana fizică la non-fizică, dar am aflat că, totuși, sunt niveluri în acest mod de hrănire si că, în esență, toți practicăm alimentația pranică pe un anumit nivel. Deoarece toți respirăm, toți avem contact cu Energia Vieții/Chi/prana, care se află în atmosferă și pe care o inhalăm cu fiecare gură de aer. Diferențele constau în cât de mult atragem și înmagazinăm această energie, iar asta depinde de stilul de viață.

Astfel, conform studiilor de care am amintit, există șase niveluri de hrănire cu lumină, fiecare cu intensitatea lui:

Nivelul 1 - Hrănirea "din exterior" - cei care consumă hrană fizică, în orice formă: alimentație obișnuită, vegetarieni, vegani, raw etc.

Nivelul 2 - Nivelul "tranziției inconștiente" către alimentația pranică - cei care își schimbă în mod involuntar alimentația, simțind că nu mai pot consuma anumite alimente, fără a ști de ce.

Nivelul 3 - Nivelul "tranziției conștiente" - cei care știu că sunt programați să facă asta (există această programare în amprenta energetică și se poate măsura!) și își fac "acordajele" necesare pentru a-și ușura dieta: meditație, exerciții fizice, respirație conștientă etc.

Nivelul 4 - Cei care au făcut tranziția către alimentația pranică; nu mai depind de hrana fizică, dar mănâncă de plăcere.

Nivelul 5 - Cei care se hrănesc cu lichide, sucuri – *liquidarians*.

Nivelul 6 - Nivelul hrănirii "din interior" - cei care se hrănesc exclusiv cu lumină/prana – *breatharians*.

Iată că, deși conceptul poate părea abstract sau chiar "extraterestru", suntem toți pe această cale, pe un anumit nivel. Tranziția între ele se face doar printr-un salt de conștiință, prin alinierea la o zonă de calm, pace, bunavoință și iubire, care să ne permită să primim și să folosim mai mult din energia vieții (prana). În esență, modificarea modului de hrănire - de la alimentație normală la vegetarianism, apoi la veganism, raw etc. - se întâmplă doar datorită acestei modificări a stării noastre interioare și a energiei globale care încurajează aceste transformări...

La fel de important ca modul în care consumăm este modul în care emitem: putem fi vegani sau nu, putem avea sau nu o practică spirituală, dar înțelegerea și bunăvoința față de alegerile celorlalți, toleranța și iubirea, precum și atenția conștientă la ceea ce emitem în gânduri și emoții, sunt cele care ne aliniază la un nou mod de a fi.

Stapanirea mintii

Crearea unei VIEȚI mai bune

A devenit trendy să ne exprimăm permanent nemulțumirea față de diverse aspecte ale vieții, societății, țării în care trăim etc. Cinismul este luat drept semn de inteligență și autoritate și utilizat ca mască, în mod reflex, de atâția dintre noi... Suntem însă cu adevărat conștienți de efectele lui?

Cum spune un vechi proverb chinez, "unde se duce mintea, acolo o urmează energia". Așadar, lucrurile asupra cărora ne concentrăm se dezvoltă. Câtă vreme ne concentrăm permanent asupra lucrurilor pe care să le criticăm, să le "desființăm" prin remarci cinice și comentarii acide, care mențin o energie grea, ca o miasmă, în jurul nostru, acestea vor fi lucrurile din care vom primi și mai mult: mai multe motive de critică, mai multe ocazii de a fi cinici...

Ce-ar fi dacă, în loc de o astfel de abordare, ne-am redirecționa atenția asupra a cum am dori sa fie viața de fapt? Ce-ar fi dacă, din acea zonă de creație inspirată, am imagina o țară mai armonioasă, o viață mai plină de bucurie, o planetă mai sănătoasă?
Suntem capabili să creăm, prin forța imaginației, atenției și energiei noastre concentrate, orice tip de realitate pe care dorim sa o experimentăm. Astfel, cât timp petrecem pe zi criticând și cât timp petrecem co-creând o nouă realitate, la care să contribuim în mod concret, prin forța imaginației și energiei noastre? O putem face prin acțiuni susținute: fie o meditație de susținere și luminare a orașului/țării/planetei, fie o rugăciune pentru același, fie chiar acțiuni practice, fizice, în care efectiv să creăm o realitate mai bună, să educăm pe alții în acest sens sau să ne aducem fiecare contribuția, prin talentele și aptitudinile pe care le avem, la menținerea acelei realități.

Conviețuirea într-o nouă dimensiune implică renunțarea la paradigma "drobului de sare", asumarea rolului de ființe spirituale cu care am venit pe Pământ și crearea unei realități din acel rol. Pământul are acum nevoie de sprijin și iubire,

Pasi pentru o viață seducătoare | 25

are nevoie să îi trimitem cât mai multe gânduri frumoase și energii cât mai iubitoare către centrul său, astfel încât să treacă alături de noi cu bine prin schimbările ce au loc și să ne susțină în continuare în decursul acestora. Dacă doar și pentru câteva momente ne amintim, zilnic, să îi trimitem recunoștință pentru lucrurile pe care le oferă și le susține (hrană, peisaje minunate, protecție, un climat în care viața să se poată dezvolta etc.), chiar și numai aceste câteva momente transformă realitatea în care trăim și energia care se menține acum pe planetă. Căci nu suntem individualizați, separați, ci contribuim fiecare la o energie colectivă care creează și susține ceea ce experimentăm.

Deci, care este contribuția pe care ești dispus să o aduci tu pentru o viață mai bună și pentru armonie?

Libertate versus joaca de-a Dumnezeu

Zilele trecute, o prietenă dragă mie se plângea că a obosit să mențină relația cu partenerul ei, un bărbat care, deși o iubea, manifesta indisponibilitate afectivă și fizică față de ea. Afectivă - căci fluctua între afecțiune și respingere; fizică - deoarece era implicat într-o relație stabilă paralelă. Privind situația, am găsit ce e important: să vedem de ce în viața ei se manifesta o astfel de relație și care era PRINCIPALA EI NEVOIE, care să materializeze, în realitatea ei, indisponibilitatea partenerului.

Ne-am uitat și am descoperit că și în trecut relațiile ei afective implicau o componentă a **absenței** sau **distanței**, majoritatea foștilor parteneri fiind din alt oraș. Privind mai profund, descoperim împreună că principala nevoie în acest aspect era NEVOIA DE LIBERTATE, iar relațiile disfuncționale erau create din TEAMA DE A PIERDE LIBERTATEA, căci, manifestând permanent relații cu parteneri indisponibili, se asigura că este ferită de o prezență constantă în viața și în casa ei, o prezență care, în viziunea subconștientului, să o îngrădească și să îi impună RESPONSABILITĂȚI.

Prin urmare, dorința de a nu avea responsabilități față de alte ființe a fost al doilea "iepure" care a ieșit din pălărie, spre surprinderea ei, căci se vedea ca fiind o ființă responsabilă și chiar profund implicată în viețile celor dragi... Astfel, deși la nivel conștient intenția ei era de a avea o relație armonioasă, cu o persoană afectuoasă și care să dorească să îi fie alături, la nivel subconștient se afla DORINȚA DE A FI LIBERĂ de responsabilități, iar acestea doua se cam contraziceau. Mai precis, a doua tendință o sabota serios pe prima. Am mers apoi să privim convingerea **"o relație stabilă mă face să îmi pierd libertatea"**, care își iței discret capul dintre intențiile stabilite de prietena mea.

Punând lupa pe această convingere, descoperim împreună că, în momentul în care "se implica" într-o relație, ea se simțea RESPONSABILĂ pentru starea de bine a celuilalt. Se simțea DATOARE să schimbe starea în care acea persoana se afla, să îi modifice realitatea până la nivelul în care aceasta să se simtă permanent confortabil sau până la nivelul la care *ea* să se simtă confortabil.

Între altele, menționez că, fiind o ființă cu înzestrări energetice deosebite, chiar făcea asta inconștient pentru mulți dintre cei dragi, dar cu efecte destul de împovărătoare pentru ea însăși. Deși o astfel de manifestare poate părea demnă de laudă, am decis împreună să ne uităm mai atent și am constatat că nevoia sa de a ajuta, sentimentul de **responsabilitate** față de cei dragi veneau din convingeri care nu erau chiar benefice celor ajutați, din credința *"Eu pot și ei nu"*, care îi punea pe cei ajutați, din start, pe o treaptă mai jos decât ea însăși... Mai mult decât atât: ajutându-i și menținându-i permanent în starea de victime, de "săracii de ei", LE ÎNGRĂDEA LIBERTATEA de a manifesta potențialul lor deplin (chiar dacă, poate, acest potențial nu ar fi creat cele mai fericite realități pentru ei). Închizând cercul, am conștientizat împreună că, PRIVÂNDU-I PE CEILALȚI DE LIBERTATEA de a fi ei înșiși și de a-și trăi experiențele ("bune" sau "rele") la adevăratul lor potențial, ajungem să ne PIERDEM PROPRIA LIBERTATE, în această joacă de-a Dumnezeu. Și, pentru că în Univers nimic nu rămâne în dezechilibru, subconștientul are grijă să se asigure că acest aspect nu se perpetuează, creând situații care să ne priveze de cei a căror libertate am îngrădi-o...

Onorarea corpului

Dăruiește iubire corpului tău

În ultima vreme mi s-a cerut frecvent ajutorul în aspecte legate de alimentație și excese alimentare. Oamenii simt din ce în ce mai mult că primul pas spre echilibrare este o alimentație armonioasă și benefică pentru corp și sunt interesați să aprofundeze acest aspect.

Discutând cu persoanele care sunt ajutate în întâlnirile cu mine, mi s-a arătat că principala nevoie pe care o acoperă alimentele este... NEVOIA DE IUBIRE. Iubirea se poate exprima, pentru fiecare, în diverse nuanțe sau aspecte: unii se simt iubiți atunci când sunt îmbrățișați, alții - în relațiile amoroase, iar alții compensează nevoia de iubire prin interacțiunea permanentă cu oamenii, simțind nevoia să fie frecvent înconjurați de prieteni, de grupuri mari de oameni etc. În absența acestor stimuli, nevoia de iubire este "adormită" prin alimente, în special dulciuri, căci atunci oamenii SE SIMT HRĂNIȚI.

Cunoșteam aceste aspecte compensatorii din experiențele și discuțiile trecute cu persoane ce doreau să-și echilibreze alimentația, dar acum mi se revelează din ce în ce mai frecvent un aspect nou, foarte simplu, dar foarte subtil, în același timp: CORPUL NOSTRU FIZIC ARE NEVOIE DE IUBIRE!!!

Când vorbim despre iubire, ne gândim adeseori la suflet, la spirit, ne orientăm spre emoții și idei înalte, neglijând un aspect important al existenței: **suntem în corp fizic,** iar acesta are o conștiință, la fel ca toate celelalte corpuri. Dacă vreme îndelungată, vieți la rând, l-am neglijat, considerându-l o anexă neimportantă a noastră, sau am fost învățați că el trebuie transcens (multe ramuri ale spiritualității, în special hinduse, susțin asta), sau că trebuie privat prin asceză de nevoile pe care le exprimă, pentru a fi "educat", atunci cu siguranță l-am supus la multe lipsuri și am îndreptat permanent spre el gânduri mai puțin luminoase, care ne-au traumatizat celulele, dându-i permanent senzația că nu este iubit. Sub impactul acestor gânduri și convingeri, care poate se manifestă, încă, la nivel subconștient, celulele stau permanent în tensiune, relaxându-se doar când sunt "alinate" energetic de gustul dulce, foarte căutat de mulți oameni, si mai ales de tinerii care au venit de curând în această lume (tensionată).

Am întâlnit oameni de o spiritualitate înaltă, cu un bagaj de experiențe și cunoaștere ezoterică profunde și care ajută mase întregi de persoane, dar care suferă la acest nivel și experimentează dezechilibre în plan nutrițional deoarece au fost ferm convinși că planul fizic și corpul nu merită iubire! Vestea bună este că există remedii simple pentru a înlătura nevoia de dulce și alimente în exces, hrănindu-ne... din interior și permițând corpului să se simtă iubit.

Aș sugera să ne folosim mâinile - care sunt extraordinare generatoare de energie a iubirii (de aceea copiii, și nu numai, se simt atât de fericiți când sunt mângâiați) - pentru a transmite iubire corpului nostru. Puteți încerca, după o baie relaxantă, să aplicați pe corp cea mai bună cremă pe care o preferați, cu intenția și convingerea că vă iubiți, respectați și onorați fiecare parte a corpului vostru, cu recunoștință pentru darurile pe care vi le oferă: faptul că puteți merge, mângâia, vedea, auzi, gândi, vorbi etc. Puteți vizualiza, cu fiecare mișcare pe care o faceți pentru ca acea cremă să intre în piele, că împreună cu ea transmiteți pielii și corpului vostru cea mai pură iubire din palmele voastre și cea mai curată recunoștință din inima voastră. Veți simți fiecare celulă detensionându-se, relaxându-se, respirând, parcă, ușurată și, în timp, vă veți simți mai relaxat/ă și mai iubit/ă doar prin acest simplu exercițiu...

Căci iubirea este cel mai bun și mai pur aliment pentru corpul și sufletul nostru.

Efectele vindecătoare ale dansului

Pe lângă bucuria și relaxarea pe care le imprimă, dansul este, de asemenea, una dintre cele mai facile și accesibile tehnici de vindecare și armonizare personală. Prin punerea în mișcare a diverselor grupe musculare și prin presarea și relaxarea diferitelor zone de executare a mișcărilor, se irigă cu sânge și se decontractă părți ale corpului care în mod firesc sunt "ignorate" în exercițiile de fitness sau aerobic și total uitate în cazul celor ce nu practică sport.

De asemenea, dansul este o modalitate frumoasă de vindecare emoțională, căci "sediul" emoțiilor este zona bazinului și, prin punerea în mișcare a energiilor din această zonă, "sentimentele ies la suprafață încet și delicat, fiind recunoscute și acceptate, iar viața poate fi vazută dintr-o altă perspectivă."

Pentru mai multe detalii despre efectele dansului, iată un fragment din "Secretele bunicii - ritualuri antice ale dansului și puterea sa vindecătoare", de *Rosina-Fawzia Al-Ravi:*

"Talia este granița dintre partea superioară și cea inferioară a trupului. Coloana vertebrală susține organele interne și își găsește echilibrul prin bazin, care este baza tuturor mișcarilor.

Din punct de vedere anatomic, corpul are cinci centri sau cavitati: capul, pieptul, abdomenul, bazinul și spatele. În fiecare centru se află anumite organe, care îl unesc pe acesta cu alți centri.

Capul sau *craniul* conține creierul, cerebelul și trunchiul central al creierului. Craniul este conectat la rețeaua nervoasă a gâtului, care iese din primele patru vertebre cervicale. Aceasta zonă poate fi stimulată prin rotiri și balansări ale capului.

Pieptul sau *cavitatea toracică*, care este delimitată de o membrană numită pleură, conține plămânii și inima. Aici se află rețeaua nervoasă a brațelor, care este conectată cu nervii plămânilor și ai inimii. Această zonă poate fi stimulată prin mișcari ale umerilor, prin exerciții ale cutiei toracice, mișcări șerpuite și întinderi ale brațelor.

În *cavitatea abdominală* sau *burta* se află pancreasul, rinichii, perineul, stomacul, ficatul, vezica biliară, splina, intestinul gros și cel subțire. Această zonă este stimulată prin rotiri ale mușchilor abdominali, prin mișcari de șolduri în formă de opt și cercuri duble. Mai conține plexul solar, care unește toate organele zonei

abdominale și poate fi stimulat prin rotiri ale mușchilor abdominali și miscări tremurate ale diafragmei.
În *cavitatea pelviană* sau *bazinul* se află vezica urinară, organele sexuale, colonul sigmoid și rectul. Deși din punct de vedere anatomic nu există separare între zona abdominală și pelvis, înțelegem mult mai ușor întregul tablou delimitându-le pe cele două. Zona pelviană poate fi stimulată prin rotiri ale bazinului și variate mișcări circulare ale șoldurilor. Rețeaua nervoasă a zonei pelviene unește cavitatea de jos a pelvisului cu colonul sigmoid, rectul, vezica urinară si gonadele.

Cavitatea dorsala sau *spatele* este compusă dintr-un tub lung, în interiorul coloanei vertebrale, ce conține măduva spinării. Zona spatelui poate fi întărită prin mișcări ale capului, ale umerilor și ale pelvisului. Există patru tipuri de vertebre: șapte vertebre cervicale, douasprezece vertebre toracice, cinci lombare si zona sacrală; deci, în total, douazeci și cinci de vertebre dorsale.

Dacă încercăm să ne imaginăm aceste diviziuni, devenim conștienți de modul în care dansul ne influențează trupul și de efectul stimulator pe care fiecare mișcare îl realizează asupra diferiților centri.

Coloana vertebrală unește toate organele prin sistemul nervos și țesutul de legătură. Sistemul nervos include patru zone principale ale nervilor. La nivel fizic, distribuția energiei noastre vitale se realizează prin coloana vertebrală, care ajută creierul sa comunice cu 'mesagerii' lui localizați în cordonul spinal. [...] Realizând mișcări libere ale bazinului, coloana vertebrală și, prin coloană, toate organele interne pot fi stimulate.

Balansările, rotirile și spiralele folosite în dans stimulează energiile latente, delicat și gradat, iar acestea se ridică în întregul corp. Astfel, dansul rafinează energia și conștiința progresiv, într-un mod jucăuș și într-o perfectă armonie, fără a cauza vreo traumă."

Dansul oferă posibilitatea de a exprima liber trăsăturile de bază ale feminității, stimulând revelarea tendințelor ei arhetipale: inițiatoare, seducătoare, mamă sau războinică.

Sursa citatelor:
"Secretele bunicii - ritualuri antice ale dansului și puterea sa vindecătoare", de *Rosina-Fawzia Al-Ravi*

Dansul meditativ - calea spre femeia din tine

În discuțiile cu femeile, atât în ședințele de terapie, cât și în sesiunile de dans meditativ, mi se arată același aspect: dincolo de 'bussiness meetings", "casual sex" și alte forme de manifestare, care sună bine în engleză, dar nu ne împlinesc sufletul, nevoia FEMEII, a femeii contemporane, este de a-și reasuma și reafirma feminitatea.

Cum se exprimă Ea în fiecare dintre noi? Care îi sunt darurile, atributele? Dar durerile? Este sexualitatea feminină pe deplin acceptată în sufletele noastre? Cum se reflectă ea în interacțiunea cu ceilalți?

Sunt întrebări care se revelează în dansul meditativ, prin eliberarea ușoară, delicată, a emoțiilor reprimate...

Trebuie sa ne redescoperim feminitatea deplină, strălucitoare, senzuală și magnetică, puternică și dulce, suavă și teribilă - în același corp. Pentru asta, să ne amintim să ne îngrijim: nu "pentru cineva" sau "cu ocazia a ceva", ci PENTRU NOI! Un halat de mătase care ne alintă pielea, crema de corp preferată aplicată în tihnă, o coafură care ne avantajează, o baie de relaxare, aromată, sunt darurile pe care e bine să ni le facem frecvent, pentru a ne păstra bucuria de a ne oferi. Nu uita că, dacă te neglijezi, poți deveni... neglijabilă!

Undeva, sub valul de atribuții, concepte, principii și învățături despre ce AR TREBUI SA FIM, stă Femeia: întreagă, puternică, deplină, necenzurată, RAW!

Ești pregatită să o regăsești?

Armonia in cuplu

Ghid al relației de succes

Pentru fiecare, succesul în relația de cuplu are definiții diferite. Pentru unii, primordială este siguranța, stabilitatea; pentru alții - spontaneitatea și pasiunea; unii apreciază fidelitatea, iar alții - libertatea unei relații "deschise". Variațiile sunt multe, iar unii doresc toate cele de mai sus și... mai mult! Și de ce nu? Suntem pe tărâmul infinitelor posibilități, numai că trebuie să luăm în considerare câțiva pași simpli pentru ca relația să fie armonioasă.

1. Fii mai tandru/ă cu partenerul/a.

Când a fost ultima dată când care l-ai îmbrățișat-/o cu toată inima sau ți-ai făcut timp să îl/o mângâi cu afecțiune pe tot corpul? Apropo de mângâieri: pielea este cel mai mare organ al corpului uman și este conectată direct la centrul afectiv (al inimii), așa că bucură-te de explorarea tandreții împreună cu el/ea... dacă vrei să oferi și să primești mai multă iubire.

2. Menține-ți respectul față de el/ea.

Dacă la început îi respectai spațiul personal, capacitatea de a lua decizii și intimitatea, poate cu timpul, pe măsură ce ați devenit mai intimi și îl/o consideri al/a tău/ta, aceste aspecte s-au pierdut. Asta duce la pierderea pasiunii și a bucuriei. Data viitoare când ai impulsul de a-i da indicații fără să ți le ceară, de a-i umbla în documentele de serviciu și a i le rearanja sau de a-i interzice să facă anumite lucruri, amintește-ți că fiecare are dreptul la spațiul său intim și la alegeri personale și că prietenia și iubirea nu înseamnă invadarea sau încălcarea acestora; cere-i permisiunea înainte de a-i rearanja obiectele personale, de a-i reprograma întâlnirile sau de a-i căuta prin folderele telefonului. Nu pentru că ar avea ceva de ascuns, ci pentru că vrei să îi dai libertate de alegere.

3. Reactivează romantismul! Nu este perimat.

Dacă după patru-cinci ani de relație ai uitat complet că îi place să îl masezi sau să o întâmpini cu flori, e timpul să îți reamintești acele lucruri drăguțe pe care le făceai la început ca să îl/o atragi sau, pur și simplu, de drag! Sau - și mai bine - inventează altele noi (pentru că ați evoluat împreună!). Chiar și gesturile mici încălzesc inima: pregătește-i o baie cu sare și cina preferată atunci când îl vezi obosit sau du-o într-un loc frumos (surpriză), care știi că-i place, când vrei să o destresezi și să o scoți din rutină. Aceste gesturi dau un refresh relației, plus acel sentiment plăcut că lucrurile sunt încă VII între voi...

4. Ascultă-l/o!

Da, oprește-te din ce faci și din tot ce gândești și fii prezent/ă atunci când îți vorbește. Chiar dacă ai impresia că vă cunoașteți de 1 000 de ani (și că nimic din ce spune nu e nou), ciulește totuși urechile când îți spune ceva despre ziua lui/ei, despre serviciu etc. Ați venit împreună să evoluați. Orice cuvânt de-al lui/ei poate fi un răspuns pentru tine. Așadar: nu îl pierde!

În plus, este bine să auzi la timp ceea ce are de spus...

5. Onorează-i corpul.

Deși te-ai obișnuit cu un anume mod de a face dragoste, deși poate ați învățat împreună câteva butoane care vă conduc la marele AAAH!!!, totuși nu pierde din vedere posibilitatea de a primi și oferi mai mult. Și nu uita că în corpul lui/ei se află un suflet, așa că, pe cât îi acorzi mai multă atenție corpului, pe atât sufletul va fi mai bucuros. Deși literatura abundă de indicații pe această temă, sugestia mea e să te lași ghidat/ă și să îi simți plăcerea ca fiind a ta. Astfel, vei ști exact ce și cum să atingi, iar diversitatea se va dovedi un ingredient bun în momentele intime.

6. Conectează-te la esența ta divină. Și la a lui/ei.

Cum am scris mai sus, dincolo de corp sunteți suflete, ființe divine venite într-o formă fizică și care joacă rolul de iubit/iubită, acum. Când interacționezi cu el/ea, menține atenția asupra acestui aspect.

Dacă ai avea o întâlnire cu Divinitatea, cu un Zeu-Zeiță, cum te-ai comporta?
Și ce te face să crezi că nu ai?

Care e oferta ta?

De multe ori ne întrebăm "De ce mi se întamplă asta tocmai mie?" sau ne uităm la viaţa noastră şi parcă-parcă nimic nu se leagă cum am dori. Poate repetăm aceleaşi tipare, poate ieşim dintr-o relaţie numai ca să întâmpinăm probleme similare în alta, poate ne confruntăm cu oameni care - surpriză! - toţi ne sâcâie din acelaşi punct de vedere...

Evident, majoritatea oamenilor îşi doresc abundenţă, relaţii armonioase şi un/o partener/ă perfect/ă, dar, când lucrurile nu se întâmplă chiar cum am vrea, devenim furioşi sau dezamagiţi şi trecem brusc în postura de "victimă a vieţii".

Pornind însă de la teoria "what goes around comes around", când lucrurile nu merg chiar pe roze putem să începem prin a ne întreba: "Care este oferta mea?".

Ne-am putea imagina pe noi înşine ca pe nişte magazine care doresc să atragă un anume gen de clienţi. Să presupunem că aceştia sunt reprezentaţi de oamenii şi întâmplările la care aspirăm. Aşa cum e firesc, fiecare magazin se adresează unei nişe de piaţă, deci ceea ce avem pe rafturi va atrage un anume gen de clienţi.

Dacă am constatat că o bună perioadă de timp au intrat în viaţa noastră oameni sau întâmplări care ne creează neplăceri, primul pas este să verificăm "rafturile magazinului" nostru şi să vedem ce avem acolo care atrage acest gen de manifestări. Poate partenerii abuzivi sunt atraşi de produsul *"sunt o victimă"*, care stă pe raft şi s-a prăfuit de când e acolo, dar are grijă să atragă exact acel gen de "clienţi" care doresc să se simtă mai siguri pe ei controlând pe altcineva. Poate oamenii care ne mănâncă timpul şi energia solicitându-ne să-i "ducem în spate" au venit dupa produsul *"vreau sa fiu apreciat cu orice preţ"*, care se lăfăie perfid pe rafturile magazinului nostru, furnizându-ne exact acel gen de "clienţi" ce ne vor solicita toata energia în schimbul aprecierii lor sau al sentimentului că facem lucruri majore. Şi lista poate continua: produsul *"seducţie sexuală"* atrage relaţii bazate doar pe coordonata fizică, produsul *"control excesiv"* atrage situaţii lipsite de iubire, bazate pe oprimare şi neîncredere etc.

E binevenită, deci, o verificare periodică a "rafturilor", pentru a vedea care sunt produsele expuse, şi înlocuirea celor ce ne vor atrage "clienţi" nedoriti. Poate mai multă compasiune, atenție la sufletul celorlalți și empatie ar schimba ușor-ușor produsele de pe rafturi, împreună cu o doză bună de autoevaluare SINCERĂ.

De obicei, e greu să facem asta de unii singuri, fără o practică îndelungată a introspecției, dar din fericire piața este acum plină de "produse" care ne pot ajuta, de la cărți ("Fața întunecată a căutătorilor de lumină", de *Debbie Ford,* face o curățenie frumoasă în rafturi) până la workshop-uri de dezvoltare personală, care ne ajută să "lucrăm" cu noi înșine. Chiar și o detoxifiere periodică, atât alimentară, cât și emoțională (reparcurgerea întâmplărilor și sentimentelor din ultimul an, spre exemplu), poate face minuni, iar pentru feed-back cred că fiecare avem macar un prieten SINCER, care să funcționeze drept oglindă :)

Așadar: care este oferta ta?

Bucurie în cuplu

Mari Maeștri (Osho, Eckhart Tolle etc.) afirmă, pertinent, că relațiile umane pot fi o inevitabilă sursă de durere. Deși nu țin să infirm o astfel de temă, mai ales provenită dintr-o sursă a Inteligenței Universale, simt totuși nevoia să fac unele modulări, pentru "începători".

Pentru mine, relațiile umane nu au fost niciodată doar o sursă de durere. Deși au fost și momente când "am suferit" (pentru că a trebuit să părăsesc sau am fost părăsită) sau poate am încercat PREA MULT să "fac să meargă" o relație, nefiind pregatită să-i dau drumul la timpul potrivit, relațiile au fost pentru mine un prilej de desfătare, de dăruire și de deliciu și, dacă au avut și aspecte neplăcute, cu siguranță au fost prilejuri de a-mi explora și deschide zone și experiențe care altfel ar fi rămas... ascunse "sub preș".

Suferința apare când nu putem să dăm drumul relației la timpul potrivit, când ne adâncim în a construi poduri între lumi care sunt imposibil de unificat - pentru că în Creație sunt făcute să funcționeze paralel - când, egotic, încercăm "să-l tragem" pe celălalt în lumea noastră sau să ne adaptăm la lumea lui, ce ne creează disconfort, pentru că nu mai e datoria noastră să ne aflăm acolo. Trăind aceste experiențe deghizate în "suferință" - care mi-au adus poate cele mai importante învățături despre egoul îngerilor pământeni - conluzionez că relațiile, chiar și pe nivel uman, pot fi unul dintre cele mai frumoase moduri de a experimenta Raiul în corp fizic.

Prin plăcerea oferirii, deliciul mângâierilor, dăruirea îmbrățișărilor, desfătarea degustării de bunătăți împreună sau împărtășirii de momente frumoase, prin extazul Tantrei sacre, cu sinceritate și adorație reciprocă, relațiile ne dau prilejul de a experimenta de ce Dumnezeu s-a făcut... DOI.

Increderea în cuplu, și vindecarea geloziei

Cu puțin timp în urmă, un domn mă sună să îmi spună că a auzit de mine și că ar vrea o consultație. Mi-a spus că deocamdată vrea doar o ședință de consiliere, că are niște subiecte, legate de relații, pe care ar vrea să le discutăm. Am stabilit data ședintei și am închis. La scurt timp după apelul telefonic, m-am surprins având dubii cu privire la seriozitatea angajamentului pe care și-l luase de a veni la terapie. Deși fusese foarte cooperant în privința datei și orei, deși părea cu adevărat interesat să învețe noi perspective despre situația cu care se confrunta, totuși simțeam că e ceva care îmi scapa, ca și cum nu puteam să am încredere în ceea ce stabiliserăm. Am lăsat senzația să se dizolve și nu m-am mai gândit la asta până în ziua ședinței. Sosind ziua stabilită, m-am pregătit de dimineață cu rutina obișnuită, dar, când mă proiectam în discuția noastră, aveam același sentiment de neîncredere, ca și cum acolo era ceva alunecos, ceva neadevărat, care îmi crea o stare ciudată. La ora stabilită, apare omul. A venit chiar mai devreme. Avusesem sentimentul fugar că nu își va respecta întâlnirea stabilită... Începem discuția și, printre primele lucruri pe care mi le spune, aud: "Doamnă, nu știu ce să mai fac! Nevastă-mea nu are deloc încredere în mine! Tot timpul mă suspectează și mă bănuiește, e geloasă și nu știu ce să îi mai spun și cum să mă mai comport ca să o scot la capăt cu ea!". Omul era sincer revoltat și interesat să rezolve situația și venise la mine din dorința de a-și salva relația cu soția, care în mod vizibil îi provoca stres (despre relație vorbesc :)).

În sinea mea am zâmbit, văzând că și mie îmi provoacă aceleași senzații de neîncredere, și am cerut să ni se arate ce anume din el proiectează acest sentiment de neîncredere în oamenii din jur...

"Domnule Mihai, ce motive credeți că ar avea să nu aibă încredere?" - îl întreb. "I-ați dat vreun motiv de suspiciune sau ceva din ce ați făcut a determinat-o să vă considere nedemn de încredere?"

"Păi nu, da' mă suspectează tot timpul, chiar dacă eu nu fac nimic! În special cu femeile... tot timpul zice... că știe ea că eu fac și dreg, că până la urmă tot o să fac, chiar dacă n-am făcut etc."

(Precizez că domnul locuiește în zona rurală si era chiar interesat de spiritualitate și transformare personală, dar mediul și nivelul discuțiilor de acolo nu îl susțineau prea mult în această direcție...)

"Nu știu, doamnă, eu chiar sunt sincer cu ea: ce spun, aia fac... Bine, ea ar vrea să îi spun tot ce fac, da' eu evit unele lucruri..."

"Dar v-a surprins vreodata interesat de o altă femeie, v-ați arătat atras de altcineva, astfel încat să fi simțit că are motive să se preocupe de asta?"

"Doamnă, eu nu fac nimic! Chiar n-am fost cu nimeni, nu înțeleg ce se întâmpla... nu știu cum s-o mai conving și ce să-i mai spun!"

Scanându-i câmpurile, mi-am dat seama că spunea adevărul. În plan fizic, într-adevăr, îl simțeam a fi dedicat familiei lui și interesat să facă lucrurile să funcționeze armonios. În plan subtil, avea însă o jucăușenie, un fel de flirt subtil cu doamnele din jurul lui care îi irita soția. Îmi dădeam seama că asta se petrecea spontan, fără ca el să conștientizeze.

Trebuie știut că, la nivel energetic, noi percepem toate gândurile și intențiile celorlalți, chiar și tendințele subconștiente, înainte ca ei să devină conștienți de dorințele lor. Sunt ca niște mesaje care "se scriu" în câmpurile energetice din momentul în care le-am emis (conștient sau inconștient) și care sunt apoi "citite", recepționate de ceilalți. De aceea e bine să fim mereu conștienți de ceea ce emitem și să ne "scanăm" subconștientul când apar mesaje discordante între ceea ce intenționăm și ceea ce este perceput.

Dar am simțit că exista o cauză și mai profundă decât jocul de energie care se petrecea cu persoanele de sex feminin din jurul lui. Am continuat discuția, atentă să descoperim cauza. Simțeam că încă nu s-a deschis 100% și că încă se teme să spună anumite lucruri, așa că am evitat să presez, mergând în altă zonă:

"Mi-ați spus că uneori ar vrea să îi spuneți tot..."

"Da, ea ar vrea să îi spun ce fac, da' eu mă mai feresc, știți cum e..."

"Dar, dacă i-ați spune ce faceți, ce s-ar întâmpla? Ce vă determină să evitați asta?"

"Păi, când îi spun - orice îi spun - ea nu e de acord! Dacă am făcut aia, că de ce n-am făcut ailaltă; dacă am mers acolo, de ce nu am mers și dincolo; tot timpul mă contrează... Niciodată **nu e de acord, nu mă susține în ceea ce fac.**"

Parcă simțindu-mi gândurile, îmi spune:
"Doamnă, vă rog să mă ajutați să îmi dau seama ce se întâmplă. Vreau să mă învățați. Eu am citit despre energii, despre astea, am mai avut și niște experiențe, da' acuma eu nu știu ce să mai fac! Vreau să vă uitați la mine și să îmi spuneți ce vedeți; **criticați-mă, spuneți-mi unde greșesc;** nu mă supăr - numai să rezolv asta."

"Domnule Mihai, spuneți-mi, totuși: eu simt că dumneavoastră **nu aveți încredere în oameni.** Când vă ating câmpurile, simt cum ceva ați vrea să nu arătați, să nu spuneți... Văd clar cum o parte din dumneavoastră se ascunde față de ceilalți. În afară de soție, sunt și alți oameni cărora evitați să le vorbiți deschis, să le spuneți adevărul pe de-a-ntregul?"

"Păi, de mic am fost așa. Eu îmi făceam treaba și după aia spuneam. Nu mă apuc să vorbesc dinainte, că omul ori te aprobă, ori nu. Eu am făcut totul singur și după aia am spus."

Sesizez că în structurile lui lipseau **sentimentul de a fi aprobat** și **sentimentul de a fi susținut.** Pur și simplu nu le avea, nu le trăise. I-am spus și am stabilit ca în ședința de terapie să lucrăm pentru asta.

Apoi am mers totuși și către principala situație pentru care venise. Se simțea că în el unul dintre cele mai profunde sentimente era **teama de oameni**. Îi era teamă că nu îl vor aproba, că nu îl vor susține sau că **nu îl vor accepta** dacă ar fi spus ce face, dacă s-ar fi arătat așa cum este. În consecință, se aștepta să fie blamat sau criticat. Acesta era **mesajul principal pe care îl avea scris în câmpurile energetice** în timp ce interacționa cu ceilalți. Cei din jur nu făceau decât să "citească" acest mesaj și să acționeze în consecință. De aceea soția îl critica în mod constant, indiferent de acțiunile sale. Apoi, teama de oameni se distila într-un sentiment de neîncredere, neîncrederea lui în oameni se proiecta în afară și, odată scrisă în câmpuri, **genera neîncredere din parte oamenilor din jur**. Ei doar citeau mesajele din câmpul său energetic și proiectau (oglindeau) în comportamentul lor ceea ce el emitea. De aceea și eu, deși era de bună-credință și chiar dorise să vină la sedința de consiliere, avusesem îndoieli în privința lui: când îi scanasem câmpurile, la o citire superficiala, primele mesaje îmi spuneau "neîncredere", căci *el* nu avea încredere în oameni, iar eu decodam sentimentul oglindit...

I-am spus că, din punctul meu de vedere, nu face nimic greşit şi că nu am nimic de criticat, trimiţând înspre el **energie de calm, aprobare şi incredere**, căci am convingerea că, în esenţă, noi toţi suntem fiinţe perfecte şi, mai ales, vedeam în el dorinţa sinceră de a se exprima pe el însuşi, în natura lui adevărată, şi de a acţiona în mod cât mai bun pentru ceilalţi. I-am spus ceea ce văd şi simt. I-am explicat că **principala cauză** a comportamentului soţiei este **propria lui neîncredere în oameni**, pe care ea doar o oglindeşte, exprimându-şi constant neîncrederea în el.

Faţa lui s-a luminat şi s-a destins într-un mare zâmbet: era în temă cu teoria oglinzilor şi asimila perfect mesajul (de altfel, asta e o teorie pe care eu nu prea o mai folosesc, dar se pare că a trebuit să o amintesc, deoarece era potrivită pentru el).

"Da, da" - mi-a spus - "îmi dau seama că eu pot să schimb asta; îmi asum responsabilitatea pentru ce se întâmplă, că ştiu că ceilalţi n-au nicio vină." Îi explic că soţia şi-a luat un rol mai dificil, pentru a-l ajuta. De aceea, ea juca rolul geloziei, apăsându-i "butoanele potrivite" pentru a-l determina să ia măsuri, să caute şi să se vindece în acest aspect al lui. I-am arătat că fiecare fiinţă care îl provoacă poate fi privită ca un înger care îl împinge spre a se vindeca şi a da la o parte lucrurile care nu îl lasă să se exprime pe deplin. Simţeam că percepţia lui asupra soţiei se schimbă şi că unele resentimente se dizolvă în timp ce vorbim.

I-am explicat că îşi poate îmbunătăţi relaţia cu soţia dacă îşi schimbă atitudinea mentală faţă de ea: în loc de a o blama pentru gelozie, poate să îi fie recunoscător şi să îi mulţumească, deoarece, comportându-se astfel, ea l-a forţat să îşi pună întrebări şi să găsească răspunsuri pentru propria vindecare. I-am spus şi **i-am transmis sentimentul** despre cum e sa îi mulţumească cu recunoştinţă, în sinea lui, de fiecare dată când îl "împinge spre limite", dar şi să îşi menţină intenţia de a se vindeca în aspectele pe care tocmai le-am descoperit. Iar, în cazul lor, prima dintre cheile îmbunătăţirii relaţiei este vindecarea temerii de oameni şi a neîncrederii.

I-am dat remedii pentru starea de calm şi pentru relaxare, căci dorea să se comporte echilibrat în discuţiile de acasă.

A programat o noua şedinţă, de data aceasta la terapie, dar sunt sigură că deja unele lucruri în relaţia lui s-au îmbunătăţit considerabil.

Prin simpla schimbare a atitudinii interioare față de o persoană se poate transforma întreaga relație. Poți încerca în acest sens exercițiile de la secțiunea **Meditații ghidate** - în bara de sus a blogului *Soul Healing* (**eurynome999.blogspot.ro**): **Tehnica de armonizare a relațiilor** sau oricare alta te atrage)

Cum să renaști dupa divorț

În jurul meu, în ultima vreme, vin din ce în ce mai mulți oameni care tocmai au ieșit dintr-o relație lungă/căsnicie. Și, cum eu însămi am făcut o astfel de experiență în umă cu ceva ani, am simțit să scriu despre asta, pentru cei care au nevoie. Experiența mea nu a fost tocmai ușoară, mai ales pentru o ființă care nu știe "cum să nu mai iubească" și în special în condițiile în care eu trebuia să am tăria să închei. Apoi, ușor-ușor, am învățat că poți să iubești în continuare, cât de mult vrei, dar de la distanța necesară, astfel încât să nu vă mai răniți... Dar primii pași sunt:

1. Detașează-te de situație.

După divorț sau o relație "de cursă lungă", unii se lasă prinși în povestea "eu-ea/el", "dacă făceam/dacă nu făcea...", "ce-ar fi fost dacă..." etc. și toate astea rulează on and on, nepermițându-ți să îți iei pauza necesară pentru a putea privi lucrurile lucid. Cu alte cuvinte, deși fizic ai ieșit din relație, în realitate... ești tot acolo! ('Unde se duce mintea, acolo ajunge energia" - cum spune vechiul proverb chinez - și e adevărat!) În alt mod spus: dacă tu rulezi în continuare în mintea ta scenarii despre fosta relație, ești în continuare ÎN relație. Când alegi să îți concentrezi atenția pe alte lucruri, dai situației timp "să respire" și astfel lucrurile ți se pot prezenta apoi dintr-o altă perspectivă.

Cum să te detașezi? Începe activități noi: un curs de creație (pictură, desen, olărit, dans, un instrument muzical etc.), călătorii cu prietenii, meditație, diverse jocuri sau sporturi noi...

Când dai posibilitatea laturii tale creative sau puse pe joacă să se manifeste, emoțiile ți se vindecă ușor-ușor, iar prin ceea ce creezi ai ocazia să eliberezi o parte din sentimentele cu care te confrunți. Despre călătoriile cu prietenii nu e cazul să explic prea mult; doar îți amintesc că nu e indicat să îi bombardezi cu povești despre FOSTA relație, pentru că tocmai **ai ieșit** din ea. Deci, nu mai ești acolo :)...

2. Fa curațenie în dulapuri.

După ce o vreme ai facut lucruri benefice pentru sufletul tău, e vremea să te confrunți cu adevărul: relația/căsnicia ta cu fostul/a partener/ă s-a încheiat. Așadar, cel mai ușor pentru tine este să dai la o parte toate obiectele care țin de el/ea sau de relația voastră. În acest moment al vieții tale, fiecare obiect de acest gen îți provoacă amintiri - mai mult sau mai puțin plăcute - și te ține "agățat/ă" de persoana de care te-ai despărțit. Dacă situația cere să mergeți pe drumuri diferite, atunci a "persista" în aceste amintiri nu-și mai are rostul: ia o cutie mare, strânge toate lucrurile care au pe ele "eticheta" *EX* sau *eu* + *EX* și pune-le frumos în ea. Apoi, trimite-i-le pe cele care îi aparțin, decide dacă îi trimiți și obiectele comune (playere, accesorii etc.), iar obiectele care-ți aparțin, dar sunt legate de relație, dă-le afară din casă - aruncă-le, donează-le, vinde-le sau orice altceva face ca ele să nu mai fie în preajma ta. Asta include și folderele din calculator cu chestii care vă/îi aparțin. Fă-ți curaj să renunți la astea pentru a curăța energetic mediul și pentru a face loc la nou. Nou nu înseamnă neapărat un nou partener, dacă nu ești pregătit/ă, ci poate însemna chiar o nouă perspectivă asupra relației, un nou început pentru sufletul tău.

3. Dă-ți voie să fii liber/ă.
În anii în care ai fost în acea relație ți-ai creat anumite comportamente sau ai făcut anumite lucruri doar pentru că îi plăceau lui/ei. Asta nu înseamnă neapărat că ai făcut compromisuri, ci poate ai iubit suficient de mult încât să faci ceva pentru celălalt doar pentru că... puteai. Acum, însă, nu mai e cazul să le repeți, din nou și din nou, dacă nu-ți fac cu adevărat plăcere. Spre exemplu, dacă, bărbat fiind, te-ai obișnuit ani de zile să renunți la ieșirea după serviciu cu băieții doar pentru că voiai/îți era drag/situația o cerea să mergi acasă la soția ta, acum ai libertatea de a te bucura de asta și de a împărtăși cu prietenii tăi câteva momente de distracție, pentru a te destresa. Poate, pentru unii, asta nu compensează anumite bucurii ale relației, dar dă-ți voie să te pui în situații noi și să creezi experiențe noi în viața ta. Asta înseamnă și schimbarea rutinei zilnice.

4. Scrie despre ce simți.
După primii trei pași, poate a trecut ceva timp de la momentul despărțirii. E vremea să-ți reevaluezi sentimentele. Ia un jurnal sau o bucată de hârtie și începe să scrii despre ceea ce simți cu privire la fosta relație. Răspunde-ți în scris la întrebările:
Ce simt?
De ce?
Ce m-a condus aici?
Ce pot face să schimb situația actuală/Ce pot face să mă schimb?
Ce-mi doresc pentru viitor?
Scrisul este un bun mod de autoevaluare - când este făcut cu sinceritate și spontaneitate. Asta înseamnă să scrii primele idei și răspunsuri care îți vin și să nu-

ți cenzurezi nicio părere (nu te vede nimeni, iar cu tine poți fi sincer/ă!). De asemenea, scrisul e o formă de terapie: poți elibera cu ușurință gânduri sau sentimente care se cer eliberate.

5. Reprogramează-te.
Te-ai detașat o vreme de situație, ți-ai făcut curățenie în dulapuri, ți-ai schimbat rutina și ai vorbit sincer cu tine despre ceea ce simți. Poate în timpul acesta au apărut deja schimbări în viața ta, poate chiar cineva nou... în oricare situație, aspectele ce țin de fostele relații e bine să fie asimilate și vindecate înainte de a trece cu adevărat mai departe. A venit vremea să observi și să admiți că:
a. Nimeni **nu e vinovat** pentru că lucrurile s-au întâmplat așa: fiecare a acționat la momentul respectiv cum a putut și a știut mai bine, cum i-a permis conștiința lui/ei să acționeze și cu siguranță experiența comuna a avut un rost, care poate deja a fost înțeles sau care poate încă scapă înțelegerii tale, dar e bine să ai încredere că există un dar în ceea ce s-a întâmplat.
b. Fiecare este **responsabil** pentru modul în care decurg lucrurile în relația lui: dacă ele nu merg bine și dacă viața de cuplu, în general, nu a fost pentru tine un punct forte, înseamnă că există niște convingeri care te aduc în această situație. Spre exemplu, am întâlnit pacienți care aveau convingerile: "Nu știu cum să trăiesc cu altcineva." ,"Nu știu cum să FIU în cuplu.", "O relație de cuplu îmi complică viața/nu mă lasă să-mi fac misiunea" etc. Toate acestea trebuie verificate, descoperite și deprogramate, iar în loc trebuie aduse sentimentele de **cum este să fii într-un cuplu armonios, cum este să îți îndeplinești misiunea pe lume fiind în cuplu, ce înseamnă să trăiești armonios cu un/o partener/ă,** ... Acest lucru se poate face prin *terapie holistică*.

Este bine să adopți atitudini care să susțină o relație de cuplu, pentru a nu-ți mai sabota relația la nivel subconștient. Trebuie evaluate **teama de a iubi/de a te lăsa iubit/ă**, eventuale **promisiuni de a rămâne în celibat**, din alte experiențe etc. Toate acestea duc la un comportament "anti-relație" - indiferent cât de bun/ă ai fi tu și cât de faină ar fi persoana de lângă tine.
Este bine să-ți dai timp pentru a astfel de "curățenie interioară" și pentru lucru cu tine înainte de a trece în altă posibilă relație de cuplu. Poți să îți aloci timp pentru o ședință de **consiliere holistică** și să urmezi programe de vindecare pe tema asta (Te pot ajuta **Tehnica de curațare și recalibrare a corpului emoțional** si **Tehnica de armonizare a relațiilor**). Deși lucrul individual cu tine este foarte bun în situațiile astea, totuși ajutorul din exterior poate să iți aducă perspective noi și e bine să îți permiți să ți-l acorzi.
c. Iartă-ți fostul/a partener/ă si **iartă**-te pe tine pentru fosta relație.
Acesta este un pas vital pentru a putea trece mai departe: găsește darurile pe

care ți le-a adus prin prezența sa (trebuie să fie ceva!) și darurile pe care i le-ai oferit, apoi dă-i drumul să plece din viața ta.

Nu îți poți învăța inima să nu mai iubească, dar nici nu este necesar. Poți să păstrezi în continuare o inimă iubitoare și sentimente calde pentru toate persoanele din viața ta, oferindu-le în același timp libertatea de a nu-ți fi alături, dacă așa ați decis.

După jocurile de rol rămâne iubirea

Am tras de curând o linie sub evenimentele din viața mea. Nu ca să fac o sumă, ci pentru că m-a uimit cât de multe se pot întâmpla în foarte puțini ani.

M-am uitat câte ființe dragi am pierdut, de câte ori a trebuit să-mi adun sufletul și să mi-l pun la loc când credeam că s-a făcut bucăți, de câte ori a trebuit să plec fără a mă uita înapoi și de câte ori am privit pe alții plecând fără să pot opri asta... M-am uitat la unele dureri neînțelese în timpul de atunci, la drumurile pe care am pornit cu inima deschisă, ca apoi să trebuiască să mă opresc și să apuc într-o altă direcție, lăsând în urmă revoltă sau alte sentimente grele. O viață plină și tot atâtea ocazii de a spune "Până aici!" și de a închide porțile inimii sau tot atâtea ocazii de a... le deschide mai larg!

Da, privind în urmă și privind și în ACUM, văd că fiecare întâmplare din viață, fiecare alegere, fiecare situație în care aparent "nu ai de ales" sunt șanse oferite să descoperi, să simți, să scoți la iveală și mai multe resurse de iubire. Căci inima se poate extinde infinit și orice bucurie, orice dar, orice suferință, orice plecare sunt ocazii oferite ție să vezi că poți iubi ȘI MAI MULT!

Am simțit că, dupa toate, tot ce a rămas este iubirea, mai multă de fiecare dată: am simțit că îmi iubesc foștii iubiți, prietenii vechi, toate ființele care au plecat din viața mea sau au trecut dincolo de această viață; orice ființa care mi-a fost dragă vreodată este încă în inima mea, indiferent de rolurile pe care le-am jucat, indiferent dacă și cum ne-am rănit la un anumit punct...

Am simțit că, după fiecare situație "conflictuală" - la job, în familie, în amiciții - după ce "undele de la suprafața apei" s-au estompat, în adâncul sufletului a rămas numai iubirea, împreună cu o undă de amuzament pentru felul cum uneori alegem să ne jucăm rolurile.

Acum privesc toate relațiile din această perspectivă: știu clar și simt sigur că, indiferent cum ne-am manifesta aici - ca prieteni, iubiți, colegi, membri ai aceleiași familii, colaboratori - indiferent de simpatii și antipatii, înțelegeri sau animozități, compatibilități sau divergențe, în spatele tuturor acestora și dincolo de ele, sufletele noastre se iubesc dintotdeauna, și tot ce rămâne după jocul de roluri este IUBIREA!

Sexualitatea - între libertate și cenzură

Prin adoptarea tradițiilor mistice orientale s-au împrumutat programele și convingerile unei societăți cu o vastă cultură în domeniul erotic și s-au aplicat peste cele ale unei Românii tradițional monogame și cu puternice elemente de cenzură a sexualității, specifice Ortodoxiei. Astfel, sufletul care adoptă o atitudine față de eros specifică Orientului se vede brusc divizat între încercarea de a fi "validat" spiritual - prin adoptarea practicilor și convingerilor tradiției respective - și stările de vinovăție, plus normele de conduită socială implementate în religia și societatea în care s-a nascut și pe care le-a primit la nivel genetic.

În multe suflete care au adoptat practica relațiilor multiple sau alte convingeri ale școlilor din care făceau parte am descoperit, pe lângă plăcerea activității în sine, o divizare, o scindare a personalității ce nu permite individului să-și găsească liniștea în niciuna dintre tradiții: o parte din el îi spune că un astfel de mod de relaționare este firesc și este chiar o dovadă a stării de detașare specifice înaltei spiritualități, o alta tânjește dupa starea de încredere și împărtășire totală a unei relații unice și profunde. Această scindare duce de multe ori la disfuncții în corpul fizic și astfel multe femei ce vin la tratament au ocazia să descopere că numai "făcând pace" între cele două sisteme de convingeri - între libertatea și fluiditatea sexualității de tip oriental și stările de vinovăție sau principiile sexualității pe care le-au preluat de la părinți, bunici etc. - pot să aibă un corp sănătos și relații armonioase.

Pentru fiecare este potrivit să primească tradițiile și crezurile spirituale în aliniament cu chemările propriului suflet, fără a adopta de-a gata programele și modul de manifestare ale "școlii spirituale" pe care o urmează. Este necesar să știm cum putem folosi energia erotică, cum o putem canaliza astfel încât ea să își împlinească scopul - acela de a ne energiza și vindeca corpul, si nu de a ne guverna (transformată în impulsuri).

Astfel, sufletul se poate exprima liber și împlinit și se poate manifesta pe deplin în comunicare cu Divinitatea, fără a mai fi blocat de sentimentul vinovăției sau al scindării.

În inimă

Vrei mai mult? TRECI DINCOLO!

Dincolo de banal, dincolo de "butoanele" și "mișcarile" pe care deja le-ai învățat, dincolo de platitudine, dincolo de limitele senzațiilor pe care corpul ți-a arătat, până acum, că le poate avea. Cum? Explorează! Învață mai mult, cunoaște-ți corpul, citește despre sexualitate (nu anatomie!), urmează un curs, caută să vezi ce alte taine poate să-ți ofere acest mecanism pe care îl ai în stăpânire și care se numește corp fizic. Poate că există cai de a avea control perfect asupra senzațiilor fizice și de a le obtine LA VOINȚĂ, pe cele dorite, prin antrenament mental. Poate că există limite neexplorate prin care corpul poate deveni mai sensibil, mai energizat, mai tânăr, mai... vibrant!

Vrei mai mult? TRECI DINCOLO!

Dincolo de senzația fizică, deoarece nu te vei putea mulțumi (păcăli) prea mult timp cu ea! Cheia spre sănătatea și fericirea reale este IUBIREA și nici cele mai intense trăiri fizice nu o pot înlocui... Nu-ți poți păcăli sufletul și, mai devreme sau mai târziu, el își cere hrana, într-un mod mai blând sau mai dur. Căci sexualitatea e un mijloc de dăruire a iubirii, si nu un scop sau un mod de obținere a ei prin troc.

Vrei mai mult? TRECI DINCOLO!

Dincolo de atingeri, de mângâieri, de buze, de ochi, de tot ce îți place la el/ea, de tot ce îți înfioară simțurile... TRECI DINCOLO DE PLĂCERE. Du-te în inimă, du-te în iubire și simte-l/o de acolo pe iubitul/a tău/a. Cum?

Imaginează-ți o punte între zona bazinului tău și zona inimii. Imaginează-ți cum urci tensiunea acumulată acolo - în bazin, în ovare, în zona sacrală – înspre inimă și simte cum se detensionează bazinul, iar zona pieptului se extinde, se umple de căldură și de o senzație copleșitoare de dilatare. Da, așa se simte iubirea! Poți chiar vizualiza lumina aurie cum circulă dinspre bazin înspre piept, umplând pieptul. Învață, exersează să simți de acolo, să pipăi de acolo, să te lași deschis/ă spre senzațiile iubitului/iubitei tău/tale de acolo și să fii una cu el/ea, simțind, astfel, de două ori mai mult!

Vrei mai mult? TRECI DINCOLO!

Dincolo de ipostaza actuală, dincolo de EL/EA și TU, dincolo de reprezentările voastre de acum. Simte-i sufletul, în profunzimea lui – ființa ce poate în această paradigmă poate juca rolul iubitului/iubitei tău/tale, dar poate fi în alte dimensiuni și alte timpuri într-o cu totul altă relație cu tine, suflete unite poate de o menire a ajutorului și creșterii reciproce. Ce îl înveți? Ce te învață? Ce e dincolo de iubirea de acum?

Poți simți iubirea mai amplă, ce merge dincolo de rolurile de aici, ce se extinde peste galaxii și picură frânturi în voi de acum, cei pământeni.

Vrei mai mult? TRECI DINCOLO?

Teama de a pierde

Zilnic ne întâlnim cu suflete care vorbesc, chiar fără să realizeze, despre teama inimii lor.

Am constatat că una dintre cele mai puternice temeri care blochează și îngheață orice proces (nu numai în mediul exterior) este TEAMA DE A PIERDE. Cu toții am pierdut, în această viață (și nu numai), ființe dragi, bunici, frați, iubiți/iubite și poate urmele acestor evenimente au lasat în noi, ascuns, un sentiment că implicarea înseamnă pierdere și pierderea înseamnă suferință, de unde – teama. Poate acest sentiment ascuns generează o reacție de spaimă, ca un arc, atunci când apare cel mai mic semn de apropiere a ceva ce poate deschide inima. Poate în acest fel este respins inconștient tot ceea ce ar putea aduce bucurie în viață...

În practica Thetahealing descopăr la anumiți subiecți că, dincolo de pierderile experimentate la nivel fizic (oameni dragi etc.) și de efectele lor, există ceva mai profund, o teamă și mai mare - de a pierde Iubirea, de a-L pierde pe Dumnezeu - și că această temere le generează pe toate celelalte. Săpând mai adânc, căutând sursa acestei frici, se poate vedea că singurul mod în care ne-am putea "pierde" de Dumnezeu ar fi să ne credem separați de el, apți de a acționa pe cont propriu, numai prin alegeri în beneficiul personal, numai prin liber arbitru. Poate memoria acestor alegeri trecute semnalizează că în acest mod L-am "pierdut"... sau ne-am rătăcit de El, n-am mai putut comunica, și trauma acestei "pierderi".

Toată memoria celulară amprentată de frici poate avea la bază o singură teamă majoră - aceea de a nu Îl mai simți, auzi, percepe. Căci beatitudinea de a te ști Scânteie Divină etern protejată în brațele unui părinte iubitor nu e ușor de uitat... Prin simpla întoarcere către Sufletul nostru, acolo unde El se află și de unde ne ghidează, redobândim încrederea, scăpăm de toate temerile și regăsim... DRUMUL CĂTRE CASĂ.

Un simplu exercițiu de reconectare - care ne pune în contact cu natura noastră Divină, Eternă și Infinită, ce are toate răspunsurile - este să cerem în permanență, din inimă, cu încredere, să ni se arate ce avem de făcut, apoi să fim atenți la semnele și răspunsurile pe care le primim prin oameni și întâmplări (fără a încerca să "manipulăm" situația în favoarea răspunsului dorit!).

Apoi SĂ URMĂM acea ghidare, indiferent dacă știm sau nu pașii următori, sursa resurselor ce ne sunt necesare în proces sau rezultatul final. Căci maximul de încredere în Sine (latura noastră Divină) este manifestat când suntem dispuși să ne urmăm ghidarea chiar și atunci (sau mai ales atunci) când totul pare absurd, ilogic și împotriva "principiilor" umane. Abia atunci suntem înapoi în starea noastră firească, divină, unde nicio pierdere nu este posibilă.

În inimă

Gândurile, sentimentele și emoțiile noastre influențează atât persoanele din jurul nostru, cât și planeta pe care trăim, căci, în afara corpului fizic, fiecare organ intern emite un câmp electromagnetic, măsurabil și observabil prin metode științifice. Astfel, biocâmpul propriu interacționează cu celelalte biocâmpuri, inclusiv cu cel al planetei, întrucât și ea este, în esență, o structură vie și care dă viață. Supravegherea și educarea propriilor gânduri și emoții nu mai reprezintă, din acest punct de vedere, doar o acțiune care ne aduce beneficii nouă, prin șansa unei vieți mai echilibrate, ci este și o acțiune de responsabilitate socială și globală, căci știința demonstrează acum, prin cercetarea câmpurilor electromagnetice, că suntem interconectați și relaționăm în permanență, chiar și cu ființe pe care niciodata nu le-am întâlnit, fizic.

Orientarea conștientă spre gânduri și emoții pozitive prin mutarea atenției - de la ceea ce ne aduce îngrijorare, resentimente sau furie către lucrurile care ne trezesc apreciere, bucurie, relaxare, sentimente de iubire ÎN INIMĂ - reprezintă astfel un mare gest de compasiune atât față de noi înșine, cât și față de cei dragi și de tot ceea ce se află în jurul nostru.

De ce? Pentru că inima transmite impulsuri către creierul nostru, care I SE SUPUNE, și astfel, prin emitere de impulsuri armonioase din inimă, creierul ajunge să își echilibreze frecvența și modul de a interpreta (negativ) situațiile.

Exercițiu simplu: În loc să te gândești din nou și din nou la acțiunile neplăcute ale unei persoane care te-a necăjit sau la știrile care te-au îngrijorat, poți alege să mergi la o plimbare și să TE BUCURI de natură sau să îți muți atenția pe o melodie care îți place ori o carte care te liniștește.

"Să ne folosim ghidarea intuitivă a inimii va deveni de bun simț, bazându-ne pe inteligența practică." *Doc Childre* - fondatorul Institutului Științific HearthMath

Astăzi întâlnim din ce in ce mai mulți oameni care sunt în cautare de... "altceva": altă slujbă, altă zonă de locuit, altă relație de cuplu, poate ALTĂ MENIRE. Mulți experimentează, din ce în ce mai acut, sentimentul de neîmplinire, întrucât vibrația planetei s-a schimbat și paradigmele - o dată cu ea. De aceea, treptat se schimbă şi căile pe care fiecare le urmează. Cei care încă nu au aflat ce drum li se potriveşte experimentează stări de anxietate şi stres, împreună cu sentimentul ca "nu fac ceea ce trebuie", sentiment care li se confirmă prin rezultatele financiare sau de lifestyle.

Pentru a DECIDE cu claritate avem însă nevoie de unelte care să ne dirijeze, căci modul cu care unii s-au obişnuit să ia hotărâri (procese mentale profunde şi calcule îndelungate) pare să nu se mai potrivească.

S-a demonstrat deja ştiinţific că inima are un rol vital în luarea deciziilor, cei de la Institutul HearthMath descoperind, în urma cercetărilor ştiinţifice, că impulsurile intuitive vin din inimă, nu din minte, şi că un ritm cardiac echilibrat ne poate da claritatea şi inspiraţia deciziilor corecte.

S-a descoperit că inima are o inteligenţă intuitivă mai mare decât ar fi crezut vreodată ştiinţa sau medicina şi că ea ne ghidează în multe aspecte ale vieţii noastre dacă nu permitem minţii sau emoţiilor să blocheze aceste procese, regretând ulterior deciziile luate...

Cei de la Institutul HearthMath ne oferă şi trei tehnici simple care pot ajuta în dezvoltarea conexiunii minte-inimă, astfel încât rolul inimii în luarea deciziilor să se îmbunătăţească:

1. Centrarea atenţiei în inimă: concentrarea atenţiei în zona inimii prin respiraţii încete si profunde.

2. Respiraţia inimii: inspirare în 5 secunde şi expirare în 5 secunde, cu atenţia concentrată în zona inimii (ca şi cum am respira prin inimă), de 2-3 ori.

3. Sentimente din inimă: activarea şi menţinerea unor sentimente armonioase de apreciere pentru o persoană sau o situaţie din viaţa noastră. Concentrarea pe acele sentimente în timp ce continuăm respiraţia din inimă ne ajută să ne echilibrăm ritmul cardiac şi toate procesele din corp, astfel încât claritatea intuiţiei şi a minţii să conlucreze în luarea deciziilor optime.

Pentru a putea lua cele mai bune decizii, ne putem concentra pe problema pe care o avem de rezolvat, cerând ghidare, apoi, prin centrare în inimă, putem primi cele mai bune soluţii. Tehnica este foarte eficientă numai dacă apoi avem tăria de a urma soluțiile primate.

Mai multe detalii, aici:

http://www.heartmath.org/free-services/solutions-for-stress/solutions-effective-decision-making.html

Meditaţia

Meditația - puntea dintre minte și inimă

Meditația este puntea dintre minte și inimă. Este primul pas. Pentru a putea să ne ascultăm pe noi înșine, pentru a putea să intrăm în contact cu adevărata noastră Inteligență, cu adevărata noastră Cunoaștere și pentru a auzi îndemnurile reale ale Sufletului nostru, cele care ne dau soluții pentru orice situație și răspunsuri pentru orice dilemă, trebuie să trecem această punte. Căci, deși mintea ne este foarte utilă, inima este, totuși, cea care are toate răspunsurile. Ea este casa Sinelui nostru Divin, atoatecunoscător și atoateiubitor.

Deși sunt multe tehnici și modalități de a medita, fiecare cu rezultatele ei specifice, scopul final al meditației (dacă există unul) ar fi ca noi să intrăm și să rămânem în contact cu Maestrul Interior, acea parte a ființei noastre care ne ghidează permanent și pe care unii îl numesc, simbolic, Vocea Inimii. Acest aspect devine posibil doar când, prin meditație, mintea devine liniștită, ni se supune, învățând să se oprească atunci când decidem noi. Când vocile minții sunt stăpânite, domolite și fluxul de gânduri în care ne lăsăm prinși este observat și înlăturat prin meditație, abia atunci adevărata ghidare poate apărea și singura voce care merită ascultată se face auzită.

Astfel, prin meditație învățăm să ne direcționăm atenția asupra aspectelor pe care noi vrem să le dezvoltăm, să le hrănim în viața noastră. Învățăm să stopăm pierderea de energie în direcții (gânduri) care nu ne mai servesc și care nu ne aduc rezultate favorabile. Învățăm să devenim stăpânii vehiculului care ne-a fost dat pentru bucuria pe acest Pământ, vehicul compus din corp, emoții, gânduri, sentimente etc. Căci, odata acestea gestionate armonios, poate ieși la Lumină ființa minunată care suntem.

Fericire

Fericirea este în noi înșine... spun toate cărțile și revistele de spiritualitate, chiar și Marii Maeștri! Bine, bine, dar cum o găsim?

Puțini s-au specializat în "căutare interioară" și chiar și aceia au încă dubii dacă... s-au găsit. De aceea, pentru mulți e cel mai simplu să caute fericirea în ceilalți și în evenimente exterioare. Dar nimeni din exterior nu poate împlini un suflet care este golit de semnificația și rostul propriei existențe și care este separat de sentimentul și cunoașterea propriei meniri.

Primul pas în căutarea fericirii ar putea fi, deci, conștientizarea faptului că am venit pe lume cu un rost (unii zic chiar 'cu o misiune') și încercarea de a găsi acea misiune în adâncul sufletelor noastre. În decursul vieții ne îndepărtăm, în plan personal și profesional, de lucrurile care ne atrag, de acțiunile sau meseriile pe care le facem cu plăcere, în favoarea activităților care credem noi că ne-ar aduce un profit sau o recunoaștere/acceptare mai mare. Uităm de sau respingem creativitatea, acțiunile caritabile, profesiile artistice sau activitățile bazate pe iubire și compasiune, în favoarea unor JOB-uri care sunt "în trend" ("Mi-a zis mama să mă fac doctor/ IT-ist") sau "bănoase", dar care ne secătuiesc complet de orice urmă de bucurie sau vitalitate prin simplul fapt că a merge la serviciu fără bucurie e o povară pe care sufletul nu o poate ignora și se ofilește. Uităm să dăruim și să NE dăruim în activități care aduc bucurie și alinare nouă și altora, mizând totul pe acțiuni haotice sau copiate de la ceilalți (părinți și alte modele), fără să ne întrebăm pe NOI ÎNȘINE dacă acea activitate ne face fericiți.

Cum rezolvăm asta? Întorcându-ne la copilărie/adolescență și întrebându-ne ce visam pentru noi atunci, când sufletul era încă pur și când încă îl AUZEAM. Ce acțiune sau profesie ne atrăgea? Pe cine "invidiam"/"invidiem" sau admirăm în secret pentru activitatea pe care o face? Orice sentiment trezit în noi de profesia altei persoane - fie admirație, fie invidie - poate fi un semnal că sufletul nostru se simte mai pregătit în acea activitate decât în cea în care ne aflăm acum sau că avem calități similare, pe care le ignorăm...

Ce facem în continuare? Începem activitatea respectivă, ACUM, măcar ca hobby, dacă nu ca profesie, pentru a da sufletului nostru hrana de care are nevoie, împlinirea de a-și face menirea. Veți vedea că simțiți bucurie doar gândindu-vă la acea acţiune (va trebui să "filtraţi" bucuria dintre temerile *"Cu ce o să mă întreţin dacă fac aşa ceva?", "Ce vor zice ai mei?", "Cum să mă apuc de pictură când eu sunt un avocat ilustru?" etc.)*. Căci, da, sub toate acestea există Sinele care zâmbeşte şi vă aşteaptă să îl hrăniţi cu acţiuni care îl împlinesc şi îl aduc la lumină! Dacă am trecut de primul pas, GĂSIREA ŞI URMAREA MISIUNII PERSONALE (oricât de absurdă ni s-ar părea!), mai avem o "chichiţă" de rezolvat: MITUL FERICIRII ÎN CUPLU...

Oamenii care se simt singuri şi nefericiţi, poate în urma unui lung lanţ de relaţii eşuate, dacă nu au ajuns să "se dea bătuţi", aspiră în continuare cu frenezie la partenerul/a de cuplu perfect/ă, care sa îi împlinească, să îi completeze şi să îi facă fericiţi. Această căutare poate continua toată viaţa dacă nu privim atent, pentru a asimila lecţiile pe care relaţiile de cuplu de până acum ni le-au adus, învăţăturile şi revelaţiile care au venit o dată cu ele. Căci, ignorând aceste aspecte, respingem exact cheia care ne-ar aduce fericirea: autocunoaşterea şi rafinarea prin oglindirea în celălalt!

Când suntem împliniţi în activităţile noastre şi când sufletul nostru este onorat şi hrănit de alegerile pe care le facem (profesie, timp liber, alimentaţie, autodezvoltare), atunci acea mulţumire va radia din noi şi ne va aduce lângă noi oameni pe măsură, alături de care putem întemeia relaţii armonioase - cu bucurie, dar fără ca acestea să mai reprezinte un MUST HAVE (deci fără presiunea unei nevoi, a unui gol de umplut de către celălalt).

Pentru atingerea acestui stadiu, recunoaşterea propriilor emoţii, curăţarea BAGAJULUI INUTIL din viaţa şi din corpurile noastre, ordonarea vieţii, a timpului liber în activităţi care ne echilibrează în loc să ne "împrastie", curăţarea corpului emoţional şi a centrilor energetici, CREŞTEREA VIBRAŢIEI PROPRII sunt paşi necesari fără de care fericirea rămâne doar un concept.

Onorându-ne sufletul şi corpul, tratându-le cu respect, fiind atenţi şi receptivi la nevoile lor reale, nu la cele impuse de trend sau de obiceiuri sociale, ne conducem spre o fericire reală: fericirea de a fi... divini :)

Să începem de azi, prin a ne întreba cu privire la alegerile noastre: "Această alegere îmi dă putere/bucurie sau îmi diminuează forţa?".

Opt pași…

Opt pași pentru o viață seducătoare!

Succesul personal și cel spiritual au, amândouă, aceeași rețetă: echilibrarea emoțională, respectarea sănătății, recalibrarea energetică. Stoparea disconfortului de orice fel (fizic, emoțional, mental) se atinge prin obținerea echilibrului în toate aceste aspecte ale vieții. Numai atunci succesul, pe oricare dintre căile urmate, poate fi de lungă durată.

Cu toții ne dorim o viață plină de împliniri: echilibru interior, pace sufletească, relații armonioase, abundență, carieră perfectă...

Pentru a avea acces la toate acestea este necesar ca starea noastră interioară să fie permanent armonioasă, pentru a putea atrage în viața noastră bucuria și împlinirea.

Deoarece mulți dintre noi sunt încă prinși în jocul stresului și al termenelor-limită sau limitărilor de orice fel, acest țel pare greu de atins...

În dorința de a vedea oamenii mai echilibrați și mai fericiți, Jasmuheen, specialistă a armonizării biocâmpurilor personale și globale, a solicitat Maeștrilor Înălțați un program care să pună capăt tuturor dezechilibrelor cu care se confruntă acum o mare parte dintre oameni. La scurt timp, a primit acest program și îl împărtășește în cadrul tuturor workshop-urilor inițiatice pe care le susține, rugând participanții să îl „dea mai departe" celor care au nevoie și sunt interesați de astfel de abordări.

Urmând sugestia ei, am ales sa împărtășesc acești opt pași cu toți cei interesați. Susțin cu încredere această cale, deoarece de-a lungul ultimilor patru ani am parcurs cu perseverență toate etapele cuprinse în acest program, iar rezultatele au fost – pentru mine și toți cei ce îl urmează - uimitoare! Îl recomand și îl utilizez și în ședințele de consiliere; stă, de altfel, la baza întregii mele activități. Căci, în ritmul cotidian, suntem Maeștrii propriilor decizii și, cu cât ne extindem mai mult capacitatea de percepție, deschiderea și zona de interes, cu atât primim mai multe posibilități spre a duce o viață mai bună și mai echilibrată și de a-i ajuta și pe ceilalți să atingă acest deziderat.

Astfel, alocându-ne timp zilnic pentru „o discuție" cu noi înșine – în interiorizare sau meditație – deschizându-ne mai mult spre comuniunea cu Divinul, cu Forța care ne creează, armonizându-ne alimentația, respectându-ne corpul, punându-ne în slujba celorlalți dezinteresat atunci când putem ajuta, oferindu-ne timp pentru a contempla în tăcere natura din când în când şi armonizându-ne cu ajutorul muzicii de relaxare, putem în scurt timp să ne modificăm percepţia despre viaţă, dintr-un unghi mai conştient, mai relaxat şi mai plin de încredere. Iar atunci – surpriză! – viaţa însăşi se modifică, în acord cu percepţia noastră.

Vindecare

Soul Healing - terapie holistică integrală

Soul Healing este o procedură care se adresează fiinţei ca întreg, vindecând toate nivelurile - fizic, emoţional, mental, spiritual - prin accesarea informaţiilor necesare vindecării de la suflet. Soul Healing se bazează pe puterea energiei de a transforma materia: deoarece suntem fiinţe spirituale care fac o experienţă umană, sufletul are puterea de a transforma şi vindeca toate aspectele noastre. Prin intermediul procedurii Soul Healing, intrăm în contact cu sufletul pacientului şi îl reconectăm pentru a primi de acolo datele necesare vindecării, specifice pentru fiecare sistem: fizic, emoţional, mental şi afectiv. Apoi, primim pentru fiecare remediile specifice, personalizate în funcţie de nevoile fiecărui pacient. Sufletul are întotdeauna puterea de a ne vindeca şi, prin conectare cu el, se pot produce chiar şi transformări instantanee.

În practică am mers permanent în paralel în transformarea tuturor aspectelor, de la fizic la afectiv. Am simţit întotdeauna că ele sunt intercorelate, iar schimbările dintr-unul afectau profund celelalte sisteme. Spre exemplu, o schimbare în dietă, renunţarea la alimentele care îngreunează corpul fizic duc la schimbări conexe la nivel emoţional, mental şi afectiv. De aceea, Soul Healing acoperă în mod integrat toate zonele care trebuie transformate şi se adaptează fiecărui pacient, după "reţeta personalizată" a sufletului său.

Cu ajutorul terapiei Soul Healing se pot obţine următoarele rezultate:

- Eliberarea şi dizolvarea convingerilor şi programelor mentale care nu mai sunt de folos:
  - de la nivelul subconştientului, preluate de la cei dragi/dobândite genetic/stocate din convingerile poporului din care faci parte
  - de la nivelul sufletului - dobândite în călătoriile sufletului tău, pe Pământ sau în alte sisteme planetare
- Echilibrarea şi centrarea corpurilor energetice şi corpului fizic (detoxifiere energetică)

- Eliberarea şi dizolvarea energiilor care nu mai sunt de folos
- Recuperarea parţilor de suflet (fragmente energetice de suflet cedate în relaţii: *"am pus suflet"*)

- Reîntregirea sufletului
- Vindecarea copilului interior (din această existență sau din alte vieți)
- Vindecarea în pântecul mamei (în stadiul de fetus)
- Reconectarea la suflet
- Reconectarea cu Cerul și Pământul - ca surse principale de energie.

Prezentare autoare

Cristiana Dragomir s-a dedicat menirii de terapeut holistic în terapia Soul Healing. Dupa experimentarea învățăturilor legate de urmărirea succesului în plan social, în cariere de conducere, s-a simțit chemată spre armonizarea laturii spirituale a ființei, orientându-se spre activități de autocunoaștere: meditații, inițieri, cursuri în domeniul spiritual și terapeutic și spre o profesie în care să fructifice experiența acumulată, împărtășind-o celor care au nevoie.

Motto: „Transformarea vieții vine din integrarea în plan social a laturii noastre spirituale, a alegerilor sufletului nostru."

Ea aplică terapia Soul Healing în următoarele arii ale vieții:

- Relații de cuplu – vindecare traume afective
- Relația cu copiii – gestionarea conflictelor/dizabilităților
- Relații de familie
- Optimizarea nutriției/dietei
- Carieră – alegerea profesiei potrivite
- Relația cu sine
- Spiritualitate

De asemenea, împărtășește experiențele proprii sau informațiile primite prin channeling, în workshop-uri sau conferințe spirituale și de dezvoltare personală: **eurynome999.blogspot.ro** – secțiunea **Conferințe și workshop-uri**

Experiență:

- practicant Theta Healing
- practicant Tao Curativ
- practicant Yoga stretching
- practicant terapie cu lumină și sunet

– practicant alimentație pranică
– practicant dans terapeutic
– practicant terapie cu îngeri
– peste zece ani de lucru cu oamenii în profesii ca:
  • terapeut Soul Healing – terapie holistică prin reconectarea la suflet și la Sursă
  • creator și voluntar al programului de informare a copiilor: „Energie în armonie" – desfășurat în școlile gălățene
  • manager general al companiei proprii de organizări de conferințe și workshop-uri
  • manager de vânzări și marketing în domeniul organizării de evenimente

Blog: *Soul Healing* **(eurynome999.blogspot.ro)**
E-mail: cristiana.dragomir999@gmail.com
Youtube: Cristiana Dragomir
Facebook: Cristiana Dragomir
https://www. facebook. com/Cristianadragomir999

www.ingramcontent.com/pod-product-compliance
Lightning Source LLC
Chambersburg PA
CBHW051134160426
43195CB00014B/2465